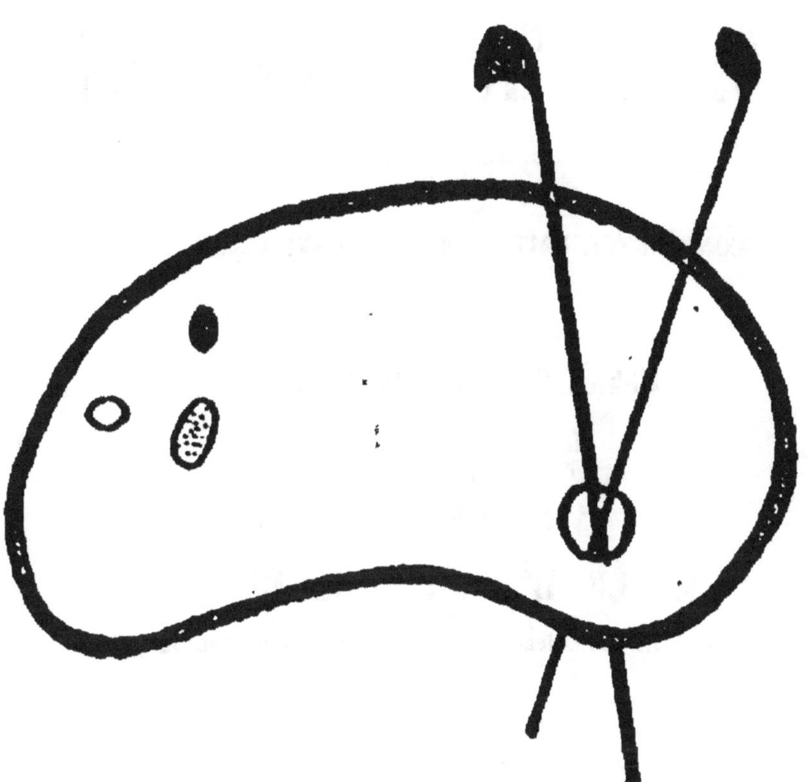

DEBUT D'UNE SERIE DE DOCUMENTS
EN COULEUR

L'ISLAM

ET

LA COLONISATION DE L'AFRIQUE

CONFÉRENCE FAITE SOUS LE PATRONAGE

DE

L'UNION COLONIALE FRANÇAISE

le 22 janvier 1910

PAR

M. LE Dr C.-H. BECKER

Professeur d'Histoire Orientale à l'Institut Colonial de Hambourg.

PARIS

UNION COLONIALE FRANÇAISE

44, rue de la Chaussée-d'Antin.

1910

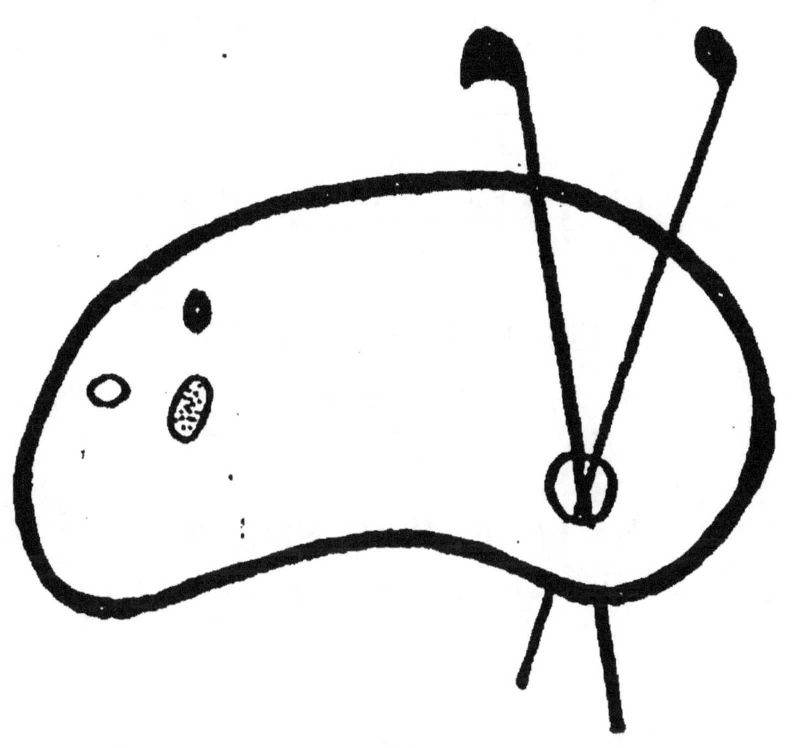

FIN D'UNE SERIE DE DOCUMENTS
EN COULEUR

L'ISLAM

ET

LA COLONISATION DE L'AFRIQUE

CONFÉRENCE FAITE SOUS LE PATRONAGE

DE

L'UNION COLONIALE FRANÇAISE

le 22 janvier 1910

PAR

M. LE Dr C.-H. BECKER

Professeur d'Histoire Orientale à l'Institut Colonial de Hambourg.

PARIS

UNION COLONIALE FRANÇAISE

44, rue de la Chaussée-d'Antin.

1910

L'ISLAM

ET

LA COLONISATION DE L'AFRIQUE

—————

Mesdames, Messieurs,

Monsieur le Président,

Le développement de l'homme, comme membre de la société, se manifeste par la prépondérance croissante de la réflexion sur l'instinct naturel, et par le remplacement toujours plus effectif du désir momentané par l'intérêt véritable. Ainsi, dans la vie de l'humanité, la civilisation atteindra son comble chez les peuples qui, sans éliminer leur élan naturel, sauront régler leurs relations avec les autres peuples, non pas d'après des penchants instinctifs de race et de religion, mais d'après les faits et leurs intérêts durables. Nulle part, ce principe ne se confirme aussi parfaitement que dans le domaine de la politique coloniale, ce terrain spécial pour le contact intime et quotidien de peuples de différentes races et religions.

Au lieu d'une politique d'exploitation et de destruction, le progrès de la civilisation a créé la politique indigène moderne qui, par le moyen d'une éducation progressive, utilise toujours davantage l'élément indigène dans le service des intérêts de la métropole. Mais il y a encore dans le présent des cercles dans lesquels l'ancien esprit des conquistadors n'a pas parfaitement disparu; la France elle-même a connu sa théorie de refoulement. De l'autre côté, c'était la même France qui produisait la noble thèse de l'assimilation, idée généreuse qui, sous la dure contrainte des faits et de l'expérience de l'infériorité des races noires, dut céder à une politique de paisible association. Les peuples européens ont, après les méprises de l'idéalisme, reconnu sans orgueil leur supériorité qui, comme l'a fait remarquer M. J. Chailley, notamment dans sa magistrale conférence, faite à Berlin, l'année passée, les prédestine comme tuteurs et éducateurs des races inférieures. Cette éducation se fait dans l'intérêt de l'Europe qui veut rendre ses sujets plus productifs; mais cette éducation sert en même temps aux intérêts des noirs; car le jour viendra où notre éducation aura rendu ces peuples capables de se délivrer de notre tutelle. Quant aux peuples asiatiques, l'aurore de ce jour vient de s'annoncer sans aucun doute: cependant les Africains, principalement les noirs, me semblent encore assez éloignés de ce nouveau jour. Sur ce point, je me sais d'accord avec notre éminent président qui a proposé de pareilles idées à plusieurs reprises.

Malgré cette perspective, il est généralement reconnu que notre intérêt bien compris nous prescrit cette éducation, et on ne pourra guère discuter sur l'opportunité de l'éducation des indigènes. Mais on se demandera quelles sont les meilleures méthodes et avec quelle rapidité on doit les appliquer?

Ce point de vue donné, la procédure méthodique exige, autant que possible, la connaissance la plus approfondie de la mentalité de l'indigène et des possibilités de l'éducation. Ce problème serait difficile à résoudre, si nous nous trouvions en Afrique vis-à-vis d'une civilisation exclusivement primitive et originaire. Comme vous le savez tous, cela n'est pas le cas. Toute l'Afrique du Nord appartient au monde musulman qui se glorifie de ses grandes traditions historiques, et l'Afrique Centrale est pénétrée par la propagande lente mais certaine de l'islam. Ainsi, en Afrique, la problème islamique est à la base de toute politique indigène.

La France est depuis presque un siècle une grande puissance musulmane; l'Allemagne compte depuis des dizaines d'années quelques millions de sujets musulmans. C'est pourquoi, devant un public si compétent, il serait audacieux qu'un Allemand osât traiter les principes de la politique indigène musulmane. Nous autres Allemands connaissons et admirons l'insigne travail que la France a su effectuer dans l'Afrique mineure. En inaugurant la nouvelle ère de notre politique coloniale, le chef actuel de notre ministère des colonies s'est appuyé, plus d'une fois, sur les expériences économiques de la politique coloniale française. De même votre politique musulmane peut servir de modèle à la nôtre. Sans toujours partir du même jugement des faits, elle était toujours guidée par le même esprit d'une digne tolérance et d'une fermeté inébranlable. Or, l'Algérie et la Tunisie sont des pays essentiellement musulmans qui portent depuis des siècles l'empreinte de la civilisation islamique. Lorsque l'occupation française commença, la question ne pouvait pas être posée : si, dans l'intérêt de la civilisation ou du christianisme, vous vouliez écraser l'islam ou le limiter. Il était présent, il dominait les indigènes, vous ne pouviez pas l'éliminer et vous étiez dans la nécessité de compter avec lui dans chaque amélioration de l'état indigène. Et vous l'avez fait d'une manière qui a excité toute l'admiration du monde civilisé.

Quel différent état de choses dans l'Afrique équatoriale, où l'islam n'a pas pris racine comme dans le Nord, où il n'est pas confessé par les nobles races des Arabes et des Berbères, mais par des peuples inférieurs et au sang mélangé, où, à l'exception de certains districts, il n'est chez lui que depuis peu de temps, où enfin il commence à pénétrer lentement dans les pays étendus peuplés par des païens d'un degré de civilisation plus ou moins avancé ! Voilà un terrain où les expériences de la France ne sont pas beaucoup plus anciennes que celles de l'Allemagne ! Voilà une affaire, dont la connaissance exacte est postulée par l'intérêt commun des deux grandes nations ! Voilà enfin une question sur laquelle, dans l'intérêt de la race blanche, on devrait, on pourrait s'entendre.

Pas de jugement sans connaissance des faits. Ce n'est qu'en présence des faits et de leurs causes qu'on peut discuter sur la question : d'après quels principes réglerons-nous notre attitude vis-à-vis de l'islam? Ces prémices données, nous finirons par émettre des conclusions dont nous tirerons les conséquences nécessaires pour la pratique. Je suis dans mon raisonnement l'exemple de M. Binger, ce compétent juge du péril de l'islam, et celui de M. Le Chatelier, auteur d'un livre connu sur l'islam de l'Afrique occidentale. Tous les deux, dans le développement de leurs idées, partent de l'état de choses dans les colonies françaises ; de même je commence, dans l'examen des mêmes questions, par l'étude de l'islam dans nos colonies allemandes qui, sous tant de rapports, offrent des problèmes semblables.

L'Allemagne a trois colonies dans lesquelles l'élément islamique joue un rôle important. Ce sont l'Afrique orientale, le Cameroun et le Togo. Dans l'Afrique orientale l'islam est prépondérant sur la côte depuis des siècles. Il est venu avec les peuples commerçants qui, comme les Arabes, les Perses et les Indiens, ont profité des longues périodes régulières de la mousson pour faire ce trajet plein de dangers. Grâce à ces migrations, la classe supérieure de la population de l'Afrique orientale se compose de membres de toutes les sectes islamiques. Nous y trouvons des Sounnites orthodoxes, des Ibadites sectaires qui correspondent aux Abadites de Mzab, et les différentes variations de la croyance chiite. De ces éléments étrangers, les Sounnites seuls ont porté la propagande dans l'intérieur. Ils forment la majorité des habitants de la côte et dominent dans la population arabe ou arabisée qui se meut sur les grandes routes commerciales. L'avancement de l'islam vers l'intérieur est de date récente; Tabora, le grand centre de l'islam, n'a été fondé que vers 1820. Jusqu'à l'occupation allemande, l'islam semble ne s'être répandu chez les noirs de la brousse que dans le plus proche circuit des établissements arabes. Cela a changé depuis.

Devant nos yeux, l'islam gagne du terrain principalement dans les tribus, dont l'organisation naturelle a été détruite ou transformée avant ou à la suite de l'occupation allemande. Mais les tribus qui ont conservé leurs institutions politiques traditionnelles se refusent, sous le gouvernement de forts sultans, à la propagande de l'islam, qui dès le commencement de ce siècle a acquis une force plus intense et une action plus étendue. Son influence agit principalement sur les éléments qui, d'une manière quelconque, se sont séparés de leur cadre naturel et de leur patrie primitive, comme les soldats, les boys, les ouvriers. L'état actuel nous montre l'islam non seulement en possession d'une zone littorale assez large et du voisinage des stations, mais le voilà déjà en route vers l'intérieur. Le sud de la colonie est partiellement islamisé et aussi le littoral des grands lacs commence à en être infesté. Il va sans dire qu'il y reste de vastes complexes de population où l'islam n'a pas encore pu, où il n'a pas même essayé de pénétrer.

Dans l'Afrique occidentale, au contraire, l'islam ne possède pas le littoral, mais l'intérieur, où il se base sur de très vieilles traditions. L'état de choses correspondant plus ou moins à celui des colonies françaises, je peux me borner à peu de mots. Dans nos colonies, l'islam est propagé, soit par la paisible nation commerçante des Haoussa, soit par le peuple énergique, mais fanatique, des Peuls. La pénétration de l'intérieur n'ayant que commencé, l'administration civile n'a pas encore pu faire d'expériences sur le traitement des musulmans, mais les résidents de la zone militaire ont un contact constant avec eux sans trop se mêler des affaires particulières des sultanats islamiques.

Les quelques caravanes qui, grâce à la sécurité créée par le nouveau régime, ont pu s'avancer jusqu'à l'Atlantique se sont abstenues d'une propagande intense. Les mosquées et les chapelles qu'elles ont construites ne servent qu'à leur propre usage. Les musulmans étrangers qui sont venus par la mer sont trop isolés pour se faire sentir comme missionnaires de la foi de Mohammet. Dans ces contrées, l'islam ne s'est avancé jusqu'à l'Océan que sous l'initiative du gouvernement allemand qui cherchait à attirer le commerce de l'intérieur jusqu'à ses propres ports. Quant au Cameroun, la grande forêt vierge forme une barrière infranchissable pour l'élan de l'islam qui n'a pas même l'intention de s'y avancer. Le Togo, lui, est protégé contre une pénétration islamique par un cordon étendu et effectif d'établissements missionnaires. Il me semble que nulle part dans nos colonies les missions chrétiennes n'ont eu de si beaux résultats.

.
. .

Lorsque la France fit son entrée dans l'intérieur de l'Afrique occidentale et centrale elle disposait de ses riches expériences de politique musulmane acquise dans l'Algérie. L'Allemagne, au contraire, était au commencement de sa politique africaine une novice dans toutes ces questions. Le problème islamique ne se détacha que tard du problème indigène pour se présenter comme tel, et, par conséquent, l'intérêt pour l'islam ne se développa que très lentement. Aujourd'hui encore vous trouverez des milliers de mes compatriotes pour lesquels le problème islamique n'existe pas parmi tant d'autres problèmes coloniaux.

L'administration elle-même prit au commencement les noirs comme noirs, qu'ils fussent islamisés ou non. Tout au plus la population étrangère des races supérieures de l'Afrique orientale, comme les Arabes et les Indiens, furent traités comme membres de cette grande civilisation religieuse. Cette dépréciation de l'islam semble justifiée par le fait que, nulle part pendant les grands combats de l'occupation, l'élément islamique s'opposa comme tel, mais toujours comme l'aristocratie indigène qui lutta pour sa prépondérance économique. Ainsi, on employait les musulmans ou on les combattait, l'administration aussi bien que les particuliers, non pas dans leur qualité de musulman, mais selon les idées qu'on se faisait, soit sur leur utilité économique, soit sur le danger de leur concurrence.

Ce n'est que dans le cours de ces dernières années que, de deux côtés différents, l'opinion publique fut intéressée par le problème islamique qui se présenta subitement sous un nouveau jour. D'une part, on a eu des nouvelles de certains troubles de la population de l'Est comme de l'Ouest, troubles qui montrèrent un caractère tout différent de celui des troubles ultérieurs. Quant à l'Afrique orientale, la grande émeute de 1905 était encore tout à fait vierge d'influence musulmane. D'après le livre nouvellement paru du comte de Gœtzen, l'ancien gouverneur de l'Afrique orientale, l'émeute tirait son origine d'une réaction païenne contre l'occupation allemande. Pour unir les différentes tribus éparses, elle se servit, comme parole d'organisation, d'un enchantement païen dénommé : l'enchantement de l'eau. De l'eau ! De l'eau ! était le cri de guerre, cri d'après lequel on a appelé cette émeute : l'émeute « maji maji ». A cette occasion, la plupart des musulmans restèrent fidèles au gouvernement.

Dans les rapports sur cette émeute, on ne trouve qu'une seule lettre dans laquelle un sultan païen demande le secours d'un sultan mahométan. « car cette guerre, dit-il, est la guerre voulue par Dieu ». En même temps, il lui envoya une bouteille d'eau qu'il appela « eau du prophète Mohammet » et à laquelle il attribua un pouvoir surnaturel. Dans cette épisode ne se trahit pas l'origine musulmane de l'émeute, tout au contraire. Elle nous donne une preuve nouvelle que l'islam possède une faculté étonnante de s'adapter à des rites magiques locaux. A partir de 1905, sous l'influence d'instigateurs immigrés, l'islam s'est accentué visiblement, et en 1908 une prétendue lettre de Mohammet troubla sérieusement la paix de la colonie. Cette lettre, disait-on, fut trouvée sur le tombeau du prophète à Médine, et, par son annonce cachée de l'approche du jour suprême, elle excita, à un tel degré, les esprits au sud de notre colonie qu'une émeute aurait éclaté, si le gouvernement n'avait réussi à calmer les cerveaux troublés.

Plusieurs fois, depuis ce moment, des indigènes loyaux attirèrent l'attention du gouvernement sur le fait incontestable que des personnages religieux qui n'étaient pas toujours originaires de la colonie fomentaient des troubles. Grâce à l'énergie de notre administration, un soulèvement dangereux a pu être évité jusqu'à ce jour.

Comme au bord de l'Océan Indien, de même dans l'Afrique occidentale, l'opposition des indigènes y a pris dernièrement les formes particulières de la propagande islamique. Pendant l'été de 1907, deux émeutes ont éclaté dans l'intérieur du Cameroun. Elles étaient inspirées et guidées par deux mahdis, c'est-à-dire, par des restaurateurs de la gloire islamique qui, d'après l'eschatologie musulmane populaire, précèdent l'apparition de Jésus et le jugement suprême. Les procédés de ces deux sauveurs montrèrent partout les traits caractéristiques des nombreux tumultes mahdistes que nous connaissons dans l'histoire du monde musulman.

Après ces nouvelles alarmantes, les missionnaires chrétiens gagnèrent un public plus attentif à leurs plaintes et à leurs avertissements qu'on avait cru exagérés et mal fondés. L'islam a certainement fait des progrès étonnants ; *après* l'occupation européenne, encore plus qu'avant, me semble-t-il. Nous en discuterons les raisons, tenons-nous-en d'abord aux faits. Ces progrès sont dans l'Afrique orientale encore plus évidents que dans l'Ouest. Mais aussi les cercles missionnaires, exclusivement intéressés dans l'Afrique occidentale, répètent avec persistance leur cri d'alarme. Les missions, elles-mêmes, instruments d'une propagande agressive, se trouvent subitement sur la défense et ne savent comment maintenir leurs possessions. Déjà le problème de la christianisation des indigènes se présente sous les apparences d'une lutte contre l'islam.

.·.

Ainsi la question islamique commence aussi à jouer son rôle dans la politique coloniale allemande. Homme de théorie, j'avoue avec satisfaction que les hommes de la pratique, qui travaillent là-bas sous l'impitoyable soleil africain, ne négligent pas l'étude de ce grand problème.

Et maintenant la question se pose : comment est-il possible que la religion islamique qui semble à première vue aussi étrangère au noir que la nôtre, continue à se répandre parmi les indigènes exposés en même temps aux fortes influences de l'administration allemande, de la civilisation européenne et de la religion chrétienne? Ne supposerait-on pas que la pénétration européenne formât un grand obstacle à l'avancement de l'islam? L'expérience de l'Allemagne, aussi bien que celle des autres puissances, nous prouve le contraire. Quelles sont donc les raisons de ce fait surprenant?

On sera enclin à chercher avant tout les raisons dans l'islam même, dans le mouvement sensible qui traverse le monde musulman. On s'est accoutumé à appeler ce mouvement le panislamisme. Pour mon compte, je ne crois pas que le panislamisme joue un rôle important dans l'islamisation de l'Afrique. C'est vrai; on ne peut pas nier que peu à peu l'islam reconnaît sa propre force et que l'élément religieux s'est accentué en lui. De même, dans le développement de l'Asie, l'islam est devenu un des mots d'ordre d'après lesquels la réaction des peuples orientaux s'opère contre l'action des peuples occidentaux. Quant à l'Afrique, on d it compter avec les confréries musulmanes et avec l'influence croissante du mysticisme islamique, qui montre des formes particulièrement africaines. Sans méconnaître l'importance de ces organisations, sans douter de l'activité sérieuse des Senoussi, on sera partout d'accord sur le fait qu'on a un peu exagéré le danger de ces corporations. En même temps, on ne niera pas que la faculté d'expansion de l'islam a augmenté indubitablement.

Mais pour expliquer notre problème, je trouve des causes plus effectives dans la mentalité du noir qui le prédestine pour l'islam et l'exclut des formes supérieures de la religion chrétienne, aussi bien que de la civilisation moderne ; tout au moins d'abord, peut-être pour toujours. Le primitif extériorise ses désirs et ses craintes et même ses expériences, il les personnifie et les déifie. Puis il cherche par des rites magiques à attirer et à repousser ces divinités nouvelles. Ne dites pas : ce sont des superstitions ridicules qu'il faut extirper; ce sont les formes naturelles de la pensée du noir. A la base de ces idées se trouve la conviction qu'une distance énorme existe entre l'homme et les forces divines. L'homme est impitoyablement voué entre leur mains. Seul l'optimisme de la magie peut adoucir ce cruel fatalisme pessimiste.

L'islam populaire peut s'adapter à cette mentalité, car lui aussi connaît cette distance éternelle entre Dieu et l'homme, et ce triste fatalisme qui en est la conséquence. Il pouvait sans difficulté ajuster ses simples doctrines à la pensée du noir sans trop y perdre. L'excellent savant M. Ed. Doutté a eu le grand mérite d'approfondir ces problèmes dans un livre documenté et persuasif. Le culte de l'islam, qui ne connait ni image ni sacrement, a dû développer une magie orale dont les traces se rencontrent dans les manuscrits de l'Afrique centrale qui ont été apportés dans nos musées et nos bibliothèques. Ainsi, sous la contrainte de sa mentalité, le noir ouvre son âme à la séduction de l'islam.

.·.

Et le christianisme? Et la civilisation européenne? La tâche du premier part de la conviction du rapprochement et prêche la relation la plus intime et le contact intérieur entre Dieu et l'homme. La civilisation moderne suppose la personnalité morale, qui est pénétrée par l'idée de la responsabilité individuelle. Ce sont des notions qui sont incompréhensibles pour le noir. Il ne les comprendra pas, même après une instruction prolongée, mais seulement après un développement peut-être possible de sa mentalité. L'islam apporte un sens nouveau et plus élevé aux anciennes pratiques du noir; le christianisme veut changer les lois de sa pensée. Dans ces circonstances, il va sans dire que l'Europe ne peut pas marcher à l'égal de l'islam en Afrique.

Mais l'islam a encore pour le noir d'autres avantages, il avance en s'adaptant aux mœurs, il n'exige que la décision de l'adepte. la prononciation de certaines formules et l'accomplissement plus ou moins obligatoire de la circoncision. Par contre nos missionnaires, craignant à plus forte raison un déclassement du christianisme, n'accordent le baptême qu'après une éducation de longue durée. En revanche, l'islam donne aux nègres un degré plus élevé de civilisation et une certaine discipline intérieure sans l'arracher de son milieu naturel et ethnique. Le noir chrétien, au contraire, est presque toujours déraciné, sans devenir un membre effectif de son milieu nouveau. Il y reste toujours l'indigène. En outre, l'islam sanctifie la polygamie et l'esclavage; le christianisme détruit ces bases de la famille et de l'économie indigènes. Le noir copie tout ce qu'il voit chez les individus qu'il croit ses supérieurs. Or dans l'islam la religion règle tous les petits détails de la vie quotidienne, tandis que chez nous la religion ne se trahit pas dans tous nos actes; chez nous son domaine est le cœur. Ainsi le nègre copiera toutes les particularités extérieures de notre civilisation aussi bien que celles du monde musulman; mais, en procédant de cette manière, il adopte par le contact même nos formes sociales, mais jamais notre religion, et encore moins les valeurs de notre vie intérieure. Mais en adoptant les formes extérieures de la civilisation musulmane, il devient en même temps musulman lui-même. Cette influence contagieuse ne peut pas être restreinte par des missionnaires chrétiens *ad hoc*.

Mais toutes ces raisons peuvent tout au plus expliquer pourquoi l'islam se répand plus vite que le christianisme, et non pas pourquoi son progrès a augmenté si rapidement après l'occupation européenne. Son avancement est la suite inévitable de la solution des tâches que l'Europe s'est proposé d'accomplir en pénétrant dans l'Afrique. Plus l'Europe pénètre, plus l'islam se répand. Cette thèse est à documenter.

Avant l'arrivée des Européens, l'islam s'est répandu principalement par la migration, qu'elle se soit présentée sous la forme du commerce ou de la guerre. L'Afrique était composée d'innombrables petits Etats épars, dont les plus forts se refusaient à tout contact avec l'extérieur. C'est pourquoi l'islam ne pouvait avancer que très lentement. L'insécurité générale aussi était son plus grand obstacle La traite, il est vrai, fut organisée par des tribus islamisées, mais elle n'a pas accéléré le progrès de l'islam, elle l'a retardé. Cet état de choses a changé complètement durant ces dernières années. L'intérêt de l'Europe postula en première ligne la sécurité et la libre communication. Les contrées fermées jusqu'alors s'ouvrirent sous la pression des puissances. Le premier qui en profita, ce fut le commerçant musulman qui depuis ce temps se transporte librement par toute l'Afrique pour y répandre la religion et la civilisation islamiques. Plus nous aurons de chemins de fer, plus l'islam pénétrera. Il va sans dire que les nouveaux moyens de communication serviront aussi à accentuer l'influence européenne, mais pour un bon nombre d'années le commerçant européen trouvera un supérieur dans son concurrent musulman. Je passe ici le côté économique de la question, je ne veux que montrer qu'en garantissant la sécurité nous avons favorisé sans le vouloir les affaires d'un autre.

De plus, si j'ai dit auparavant que les sultanats bien fondés se refusaient à la pénétration de l'islam tandis que les populations brisées ne pouvaient pas lui résister, on avouera que, dans cette direction, l'Europe a aplani le chemin à l'Islam. Je sais bien qu'on conserve aujourd'hui autant que possible les institutions administratives des indigènes ; mais au temps des premières occupations, la contrainte des faits, aussi bien qu'une théorie erronée, nous ont forcés d'agir autrement.

Mais aussi la théorie moderne facilite le progrès de l'islam. Toute politique indigène raisonnée a, d'après les mots de Waldeck-Rousseau, le noble but de faire évoluer l'indigène dans sa propre civilisation. Cette évolution ne peut jamais consister dans le dressage des masses, mais seulement dans la création d'une classe élevée qui servira d'intermédiaire entre l'Européen et les membres arriérés de la société indigène. Or, les musulmans appartiennent un peu partout à la classe supérieure de la population. Ainsi dans l'Afrique orientale presque tous les soldats, les fonctionnaires indigènes, les domestiques et même les maîtres indigènes des écoles gouvernementales se recrutent dans les cercles islamiques. Il est clair que les indigènes païens, sans pouvoir apprécier notre conduite, prennent l'islam pour le premier pas vers un emploi dans le service du gouvernement ou des particuliers. L'islam semble leur donner la qualification d'entrer dans la classe élevée, tant désirée par l'Europe.

*
* *

Et, enfin, je dois ici faire allusion au grand problème de la langue. Faut-il importer nos langues européennes ou faut-il développer les langues des indigènes en langues officielles ? Et autant qu'elles le sont déjà faut-il les combattre ou les favoriser ? Le problème est très compliqué et les différentes puissances, aussi bien que les différents groupes nationaux, y répondront toujours différemment. Je n'ose pas juger l'état de choses des colonies françaises, mais pour nous-mêmes, je proposerais de réserver la connaissance de l'allemand à la classe supérieure. Le sain principe de l'évolution indigène dans sa propre civilisation nous fait postuler le développement de la langue indigène qui correspond si parfaitement à sa mentalité. Si l'on se propose un développement lent et contrôlable, mais originaire, il n'y a pas d'autre manière de procéder. Il va sans dire qu'on ne peut pas élever chaque dialecte au grade d'une langue littéraire. Dans nos colonics, deux langues sont déjà en train d'occuper la place d'une *lingua franca*. C'est le souaheli, dans l'Afrique orientale, et le haoussa, dans l'intérieur du Cameroun et du Togo. Malheureusement, ces langues doivent leur emploi à la propagation de l'islam. Elles sont remplies de mots arabes et leur emploi équivaut à l'islamisation.

Ainsi le rapide progrès de l'islam est dû non seulement à sa propre propagande, mais, à un plus haut degré, à la mentalité des noirs et principalement aux suites inévitables de l'occupation européenne.

On peut regretter les faits cités, mais on ne pourra les nier. La différence entre la position religieuse et politique n'éclate qu'au moment où on commence à discuter les principes.

Eh bien ! quels principes régleront notre attitude vis-à-vis de l'islam? Uniquement l'intérêt national. A première vue cette thèse paraît une banalité: elle l'est certainement dans un Etat qui a achevé sa séparation de l'Eglise, mais elle devient un grave problème pour une puissance qui reconnaît une Eglise d'Etat et dans laquelle de grands partis cléricaux jouent un rôle décisif. Tout parti clérical verra tout d'abord dans l'islam une religion officielle de l'Etat. Ainsi, à côté des intérêts de l'Etat, ceux de l'Eglise se posent. Leurs intérêts peuvent être identiques, mais dans le cas spécial ils ne le sont pas, car toute accentuation du christianisme, toute propagande religieuse favorisée par l'Etat doit, en pays musulmans, provoquer une réaction islamique. Le fanatisme musulman s'éveille et l'œuvre de la civilisation est en danger. La simple raison d'Etat impose ainsi à tout gouvernement clairvoyant, si clérical qu'il soit, le devoir d'une impartialité religieuse absolue. La nécessité de cette tolérance est reconnue dans nos colonies aussi bien que dans les vôtres. D'autre part, le gouvernement le plus anticlérical se félicitera, tout au moins en pays païens, de l'assistance des missionnaires chrétiens; car, à côté de la religion qui peut être indifférente au gouvernement, les missions apportent le secours social et l'instruction publique. Aucun budget d'Etat ne pourrait aisément procurer les moyens matériels que l'initiative privée, enthousiasmée par l'idée religieuse, amasse pour tous ces buts, sans prendre en considération le dévouement personnel que seul l'idéalisme religieux peut développer.

Ce point de vue donné, le problème de notre attitude envers l'islam se simplifie essentiellement. Jusqu'alors nous avons employé le mot « islam » comme terme technique. Pour le juger, il faut le caractériser et le voilà une religion, une civilisation et une théorie politique.

Quant à la religion de l'islam, l'État impartial ne se demandera pas dans un sens absolu : est-elle bonne, est-elle mauvaise? Il demandera plutôt : favorise-t-elle l'éducation des indigènes ou l'empêche-t-elle? Ou bien, pas mauvaise en elle-même, est-elle peut-être l'ennemie d'une meilleure? Dans la politique coloniale, l'État, même l'athée, ne peut pas regarder la religion des indigènes comme hors de sa sphère; il a plus qu'un droit d'inspection, il a même le devoir de faire jouer tous les ressorts, même ceux de la religion, pour éduquer les indigènes. Cela est tout autre chose que la politique cléricale que je repoussais tout à l'heure. Si l'État croit que l'islam est un empêchement à ses desseins, il devra le refouler autant que possible. Autant que possible — voilà toute la difficulté du problème. Les événements ne seront-ils pas plus forts que nous?

Heureusement sous ce point de vue la propagation de l'islam n'est qu'un danger imaginaire. L'islam est une noble religion, mais il est certain que la confession de sa croyance implique un éloignement intérieur entre l'Européen et le noir. Est-ce à regretter? — Si, au contraire, le noir devient chrétien, il méconnaîtra d'abord l'idée de la fraternité chrétienne, et son orgueil n'est à dompter qu'aussi longtemps qu'il est sous la tutelle de ses convertisseurs; c'est un état de choses qui ne peut pas être maintenu indéfiniment. L'insolence des nègres émancipés, comme elle se manifeste sur la côte occidentale de l'Afrique, est suffisamment connue. Sous le rapport de la religion, cette distance intérieure créée par l'islam peut être regrettable, mais elle facilite le maintien de l'autorité européenne. On se plaint souvent que l'islam voile l'âme de l'indigène vis-à-vis de l'Européen. L'indigène commence à avoir un monde à lui. Mais est-ce vraiment un malheur? La servilité, si naturelle au nègre, commence par être équilibrée par une conscience toujours croissante de soi-même. L'islam lui apprend que le christianisme n'est qu'une croyance surannée, qui était dans son temps obligatoire pour tout le monde ; mais aujourd'hui elle a été remplacée par l'islam, la dernière et la plus haute des révélations de Dieu.

Cette doctrine séduisante donne au noir vis-à-vis de l'Européen l'appui intérieur tant désiré que le christianisme, cet esprit religieux de l'Europe même, ne peut jamais lui procurer. Voilà la valeur éducatrice de l'islam qui transforme le noir en homme. Cette idée a élevé le noir au-dessus de la masse des indigènes païens. Je n'ai qu'à citer sur ce point l'intéressant livre que M. Hubert a fait paraître dernièrement. L'expérience a prouvé mille fois que ces noirs islamisés sont perdus pour la religion chrétienne. C'est pourquoi les missionnaires ont raison en disant que l'islam n'est point l'antichambre du christianisme. Mais, l'Etat ? L'Etat doit apprécier cette éducation effectuée par l'islam, non pas d'après son effet sur la religion chrétienne, mais seulement d'après ses propres intérêts. Dans une extension que le christianisme ne saura jamais atteindre, l'islam répand un esprit de discipline, un soutien intérieur et une digne conduite qui sont les bases de toute civilisation. Que ces succès ne soient qu'extérieurs et numériques, c'est un commencement, c'est plus qu'un commencement. Si l'islam ne sait pas garantir ni le libre esprit de la civilisation moderne, ni la moralité d'un chrétien éclairé, la mission ne serait non moins embarrassée s'il fallait en fournir des exemples. L'Etat impartial se félicitera du secours des missions, mais il ne méprisera pas les services modestes, mais indubitables, que la religion islamique apporte à l'éducation du noir.

Si vous avez suivi mon exposé jusqu'ici, vous pourriez dire : eh bien ! islamisons l'Afrique ! Cela serait une faute encore plus grande. L'éducation des indigènes ne peut jamais être la loi suprême de la politique indigène. L'intérêt de la métropole doit prévaloir toujours et partout, et la métropole n'a pas le moindre intérêt dans l'uniformité religieuse des indigènes. Tous les partis politiques qui se forment parmi les primitifs ont un caractère religieux. C'est pourquoi la métropole doit favoriser la formation de différents groupes indigènes qui s'équivaudront. La domination anglaise aux Indes, par exemple, ne repose-t-elle pas sur la haine et l'opposition que les hindous et les musulmans entretiennent les uns contre les autres? Malheureusement l'Afrique ne connaît pas de religion qui, comme l'hindouisme, pourrait lutter contre l'islam. Les cultes des païens ne s'y prêtent pas. Voilà une tâche glorieuse pour le christianisme. Peut-être dans un avenir éloigné les noirs eux-mêmes atteindront un degré de civilisation comparable à celui des Indiens actuels. Alors, nous serons contents de ne pas nous trouver devant une masse uniforme de noirs islamisés, mais d'avoir un appui dans de fortes tribus christianisées. Car si peu que je voie dans l'islam un danger sérieux, une Afrique entièrement islamisée est sous tous les rapports un facteur dont l'importance politique ne peut guère être exagérée.

L'État moderne favorisera la formation de forts groupements christianisés, non pas par des raisons religieuses et sentimentales, mais uniquement par la simple raison d'État. Cela sera possible sans grandes difficultés, car pour les païens la supériorité du dieu chrétien est évidente, par le fait même qu'il est le dieu de la race dominante. Ce raisonnement sera effectif tant que l'islam n'aura pas encore fait entendre sa voix séduisante. Que l'État ouvre dans les contrées païennes les chemins pour les missions! Que les missions ne perdent ni leur temps ni leur force à essayer inutilement de convertir les musulmans, ce qui ne peut servir à rien. Qu'on concentre plutôt toute l'énergie disponible pour créer des centres chrétiens dans des contrées purement païennes. Il faut que notre attitude vis-à-vis de la religion musulmane soit pleine de tolérance, car son utilité ne peut être niée. N'envoyons pas les missions où l'islam règne, mais envoyons-les dans les pays païens où une forte Église noire est à désirer. Ici on peut exclure l'islam même par force brutale. Nos petits-fils nous en remercieront.

A l'appui de ce raisonnement, le jugement de la théorie politique de l'islam se présente sous un nouveau jour. Il est connu que l'idéal politique de l'islam est double; d'une part, c'est l'idéal de l'État islamique uni sous le sceptre d'un khalife; d'autre part, c'est la réalisation terrestre des espérances eschatologiques. Ainsi le khalifat et le mahdisme sont les deux formes sous lesquelles les aspirations politiques des musulmans prennent ordinairement leur apparence. Les espoirs khalifiens s'attachent de prédilection au plus puissant sultan indépendant, qui est le protecteur et le champion naturel de l'islam. Leur caractère est toujours international. Les mouvements madhistes, au contraire, sont dans leur essence l'expression d'un mécontentement local. Pour la politique coloniale, les derniers sont plus importants.

Le khalifat du sultan de Constantinople était jusqu'à la révolution jeune-turque le point de départ de la politique islamique de la Turquie. La Jeune-Turquie n'a pas renoncé à ces prétentions, mais si elle aspire vraiment à un développement constitutionnel, elle en fera le plus petit usage. L'État national est l'ennemi naturel d'un internationalisme religieux ; plus l'idée de la patrie s'accentue dans un État musulman, plus l'idée du panislamisme s'évanouit. C'est pourquoi l'européanisation et le constitutionnalisme de la Turquie sont dans l'intérêt de toute puissance colonisatrice. Une forte Turquie ne prétendra jamais à la souveraineté sur les musulmans, sujets d'autres puissances, mais elle pourrait réclamer un droit de protection semblable à celui que la France et l'Angleterre ont exercé sur les chrétiens, sujets de la Turquie. Mais ce sont des éventualités que nous n'avons pas à discuter ici.

La cohésion entre les différentes puissances musulmanes est minime. Il est bien vrai que les individus sont pénétrés par l'idée de la confraternité ; mais les chefs d'États n'ont pas le moindre intérêt pour la puissance croissante des autres. Tous les petits tyrans de l'Afrique centrale ne profitent de la théorie politique de l'islam qu'autant qu'elle sert à leurs propres ambitions. Ils sont en opposition naturelle avec toute réalisation du panislamisme. L'islam est trop divisé, désuni et faible pour que l'idée du khalifat pût devenir un danger réel dans nos colonies.

L'idée du mahdisme est beaucoup plus dangereuse. Tant que l'islam existera, la doctrine madhiste restera l'étincelle qui peut à tout moment enflammer le mécontentement des indigènes. La réaction contre la domination européenne éclatera toujours sous cette forme. Que fera l'État européen en présence de ce fait? L'idée mahdiste ne rend-elle pas illusoires tous les avantages cités sur l'islam ? Je crois que non. Il y a dans tout peuple une impulsion vers la liberté et la haine contre la race dominante, si propice que soit son influence. Il n'y a pas de politique coloniale qui sût éviter à jamais ces sentiments néfastes et ces troubles soudains ; et c'est totalement indifférent, si ce mécontentement éclate sous la forme d'une émeute madhiste ou sous l'apparence moins offensive d'une Église nègre, d'après le modèle du mouvement éthiopien, ou enfin sous les aspects d'une réaction païenne provoquée par l'enchantement d'un sorcier.

L'idéal politique de l'islam n'est qu'une de ces possibilités. Au fond, c'est une question de race. Les tribus guerrières seront toujours plus inclinées aux émeutes que les peuples paisibles. Tout le monde sait que l'islam des Peuls est plus dangereux que celui des Haoussa. Ce n'est pas l'idéal politique de l'islam, c'est leur tempérament qui les enflamme.

Ne croyez pas qu'une Afrique christianisée exclura tout danger. Le noir civilisé se dégagera aussitôt que possible de la tutelle de son frère aîné *in Christo*. Une libre Église nègre qui embrasserait toute l'Afrique est aussi dangereuse qu'une islamisation uniforme. L'intérêt de l'État s'en tiendra au principe : *divide et impera*.

Si nous envisageons enfin la civilisation musulmane, nous n'aurons pas non plus à modifier notre manière de voir. La civilisation de l'islam est supérieure à celle des indigènes, comme la nôtre lui est supérieure. Ce dernier fait n'est pas la faute de l'islam. C'est la conséquence de l'infériorité des races qui l'ont produit. C'est pourquoi la civilisation islamique est plus conforme à la mentalité du nègre que la nôtre. Nous en avons cité les preuves. De plus nombreux détails ne modifieraient po'nt nos conclusions. Pour la lente évolution des indigènes, l'État européen voit dans l'islam non pas un concurrent, mais un allié. S'il y a des influences néfastes, eh bien ! l'islam est en présence de la civilisation européenne et l'expérience nous a appris que l'islam ne peut exercer une influence néfaste qu'où il règne exclusivement.

Si les races noires possèdent la faculté du développement, elles développeront aussi leur islam sous l'action de l'Europe ; ou bien elles ne la possèdent pas, alors l'importation exclusive de la civilisation européenne n'y pourrait rien changer. L'islam éclairci s'ouvre à la civilisation moderne aussi bien que le christianisme éclairci. La différence ne repose pas dans la doctrine, mais dans le degré de l'instruction. N'oublions pas qu'aussi le progrès de notre civilisation n'a été possible qu'après sa décléricalisation. Voilà la route sur laquelle aussi l'islam s'avancera — ou bien il ne vivra plus.

MESDAMES, MESSIEURS,

En discutant les principes, j'ai déjà tiré quelques conséquences pour la pratique. Permettez-moi encore de les approfondir par des propositions plus détaillées.

La division de l'Afrique entre les puissances s'est faite par la délimitation de sphères d'intérêt politique ; ainsi, dans les différentes colonies, nous aurons à créer des sphères *religieuses* d'intérêt. Je ne méconnais pas les difficultés énormes qui s'y opposeront. Mais plutôt que de laisser au hasard le développement religieux de nos colonies, il me semble qu'il faut encourager toute entreprise qui, si douteuse qu'elle soit, sert à maîtriser le hasard par une délibération voulue. Ce n'est pas ici le lieu pour entrer dans des détails géographiques. Seulement une exacte connaissance des lieux pourrait, pour les différentes colonies, préciser les lignes de délimitation. Mais ces frontières religieuses ne coïncideront pas partout avec les frontières politiques. La régulation des frontières entre les différentes colonies a souvent coupé en deux de forts complexes politiques et ethniques. Il est certain que ces membres séparés ne formeront plus jamais une unité politique ; mais ils restent une unité ethnique, qui réagira de la même manière soit sur l'influence de l'islam, soit sur celle du christianisme.

C'est ici que les puissances intéressées devraient s'entendre sur les districts limitrophes où l'islam serait à refouler et où on pourrait le laisser se fixer librement. De cette manière la création de fortes îles chrétiennes dans la mer de l'islam deviendrait possible. Sans une entente intercoloniale, on ne pourrait guère garantir le succès. La formation et la conservation de tels districts laissés intacts par l'islam doivent être sauvegardées par un accord entre l'État et les différentes missions. Mais cela n'est pas une question purement religieuse, c'est en même temps une question économique. Si, par exemple, le commerce islamique prenait sa route à travers ces pays, l'État devrait le diriger autrement. Cette régulation se ferait sans grandes difficultés. En revanche, on pourrait faciliter le commerce européen et même lui réserver ces districts.

La conséquence naturelle de ce procédé serait une opposition économique entre les chefs indigènes christianisés et leurs voisins musulmans, ce qui serait un grand avantage pour le gouvernement colonial. En outre, il faudrait y encourager la fondation d'écoles religieuses et la propagation de la foi chrétienne. Il serait à souhaiter que les missions puissent se décider à renoncer à leur méthode actuelle qui, par la condition d'une instruction prolongée, rend l'accès si difficile. Dans les districts qui seraient réservés à leur influence, elles pourraient le faire tranquillement. Par ce moyen elles accéléreraient le mouvement si important de la christianisation. Et pourquoi ne pas l'employer? — Le christianisme a-t-il gagné l'Europe autrement que par l'assimilation aux mœurs des Francs et des Germains?

Quant aux territoires islamiques ou demi-islamiques, on les diviserait en territoires entièrement ou essentiellement islamisés et en tels, où l'islam n'a que commencé son travail. Dans ces derniers, le gouvernement aura besoin de tout son tact, et il réglera sa manière d'après le caractère ethnique de la population en question. Tout règlement devra se faire avec la plus grande précaution et après avoir gagné les chefs locaux. Si des peuples ne se prêtent ni au fanatisme religieux ni aux soulèvements guerriers, quelques musulmans isolés ne seront pas à craindre. Ici on peut restreindre le culte de l'islam, ou même le supprimer, ces peuples resteront quand même tranquilles. Si, au contraire, les peuples sont fanatiques, s'ils semblent disposés pour l'islam, qu'on ne l'empêche pas de continuer son chemin; dans ce cas on fera bien de ne pas admettre d'établissements missionnaires.

Les districts purement islamiques offrent les plus petites difficultés. Sans faire des martys, l'Etat se réservera un droit d'inspection rigoureuse. Dans le culte, par exemple, la Khutba du vendredi ne doit pas être prononcée au nom d'un souverain étranger, comme cela a lieu aux Indes, en Bosnie et dans l'Afrique orientale allemande où les bénédictions de Dieu sont implorées pour le salut du souverain de la Turquie. L'Etat devrait en outre gagner des hommes de confidence pour contrôler les confréries religieuses. D'après les expériences de la France, elles ne se refusent pas au service de l'Etat, tant qu'il se borne à une neutralité religieuse. De plus, les écoles gouvernementales seront des écoles sans enseignement religieux. Ce dernier restera le domaine de l'initiative privée. On ne pourra pas exclure les missions, mais on restreindra leur propagande, d'après le modèle de l'état actuel en Algérie. La surveillance du pèlerinage à la Mecque me semble aussi très importante. Vous savez qu'une surveillance sanitaire internationale y existe déjà depuis quelque temps.

Les publications de ce bureau de contrôle contiennent une statistique exacte et précieuse sur les pays d'origine des pèlerins. Malheureusement pour l'Afrique équatoriale ces indications ne sont pas très détaillées. Les pèlerins ne sont pas nombreux dans l'Afrique centrale; par contre, ils possèdent une grande influence. Les instigateurs des troubles sont ordinairement des haggis, des pèlerins, qui se sont fanatisés à la Mecque et qui profitent de leur caractère sacré de haggi pour tirer l'argent des poches de leurs compatriotes. Le gouvernement ne devrait pas montrer de sentimentalité envers de tels fanatiques, qui augmentent inutilement l'éloignement naturel entre l'État et ses sujets musulmans. Ces instigateurs émigrent souvent d'une colonie dans une autre. En s'avertissant l'un l'autre, les gouvernements pourraient s'épargner beaucoup de difficultés.

**

Le meilleur moyen de gagner les musulmans me semble enfin l'essai de les lier économiquement aux intérêts de l'État. Il y a tant de musulmans influents, tant de maîtres d'écoles qui n'entreraient que trop volontiers dans une dépendance volontaire de l'État tout-puissant. Ce n'est pas nécessaire de les corrompre, mais on peut leur créer une fonction quelconque qui leur procurera certains émoluments contrôlables. L'introduction de l'état civil pourrait servir à ce but. Il va sans dire que même une surveillance rigoureuse ne pourra pas éviter tout abus, mais elle transformera lentement les aumônes religieuses, que ces personnes reçoivent maintenant, en salaire gouvernemental. Le fanatique qui vit de la religion est remplacé par le petit fonctionnaire qui vit de l'État.

Sans confesser la conception matérialiste du développement historique, on peut reconnaître et utiliser l'influence prépondérante de l'élément économique. Permettez-moi d'appuyer cette idée par l'exemple du développement de l'islam lui-même.

Comment les Arabes ont-ils réussi à arabiser et à islamiser les peuples chrétiens qui demeuraient sur la côte orientale et méridionale de la Méditerranée? Ce n'est pas par l'épée, comme on le suppose généralement; car les Arabes, seigneurs colonisateurs, n'ambitionnaient pas une assimilation des peuples assujettis. Tout au contraire, ils constituaient une classe séparée, mais supérieure, qui respectait les institutions indigènes, tout comme la colonisation moderne. Les Arabes ne propageaient pas leur religion, mais la domination de leur État. Or la réception dans la société islamique renfermait de si grands avantages économiques que les subjugués se précipitèrent vers l'islam, même contre les intentions des Arabes. Ces musulmans nouvellement convertis — et voilà une grande différence avec le présent — étaient dans un état économique supérieur à celui de leurs maîtres. C'est pourquoi le déclassement des Arabes devint inévitable et rien n'empêchait plus un mélange des deux races. Ainsi le résultat étonnant de la colonisation arabe n'était pas dû à une brutale politique de guerre ou à une propagande intense de la religion, mais il se présente comme l'inévitable suite d'un développement économique.

Quelles conséquences en tirerons-nous? Comme penseurs modernes, utilisons le grand pouvoir de la vie économique, pour ne pas être, comme les Arabes, surpris ou maîtrisés par lui. Si une assimilation est possible, elle ne se réalisera pas d'en haut, mais d'en bas. Malheureusement elle suppose une prolétariation de l'élément européen, ce qui, au moins dans l'Afrique équatoriale, doit être évité d'une manière absolue. Une association paisible ne sera possible à la longue que par la formation des zones religieuses dont j'ai parlé tout à l'heure.

Ne dites pas que ce sont des utopies et que l'expansion d'une religion ne peut être ni empêchée ni dirigée. L'histoire de l'Allemagne nous prouve le contraire. Au temps de la Réformation les différents seigneurs territoriaux se décidèrent pour l'une ou l'autre des deux confessions chrétiennes, et leurs sujets suivirent leur exemple d'après le principe : *cujus regio ejus religio.* Jusqu'à ce jour ces provinces ont conservé un caractère protestant ou catholique prépondérant. Ce qui a été possible envers une population européenne ayant un haut degré de civilisation serait-il vraiment impraticable en pays nègre où le gouvernement dispose de tant de moyens économiques et moraux?

·.·

MESDAMES, MESSIEURS,

Les points de vue et les désirs, que je me suis permis de vous proposer, sont nés de ma manière personnelle de voir les choses. Il est certainement plus facile d'exposer de telles idées théoriquement que de les réaliser dans la pratique parce que tant de difficultés locales en Afrique, tant d'influences politiques dans la métropole doivent être prises en considération. Les connaisseurs du problème me diront que maintes choses que j'ai préconisées sont déjà depuis longtemps pratiquées dans l'Afrique française. Si le gouvernement allemand agissait selon les conseils émis, il pourrait dans beaucoup de cas s'en tenir aux principes et aux expériences de la politique musulmane française.

Ce problème, tout comme l'islam, est par sa nature un problème international, un des rares problèmes internationaux qui ne contiennent pas de combustible politique. Une entente sur une attitude uniforme vis-à-vis de l'islam est dans l'intérêt de tous les gouvernements. La crainte qu'une puissance pourrait s'allier avec l'islam pour contrecarrer les desseins d'une autre me semble peu fondée; car si la solidarité de l'islam est un fantôme, la solidarité de la race blanche est une réalité.

PARIS. — IMPRIMERIE LEVÉ, 17, RUE CASSETTE.

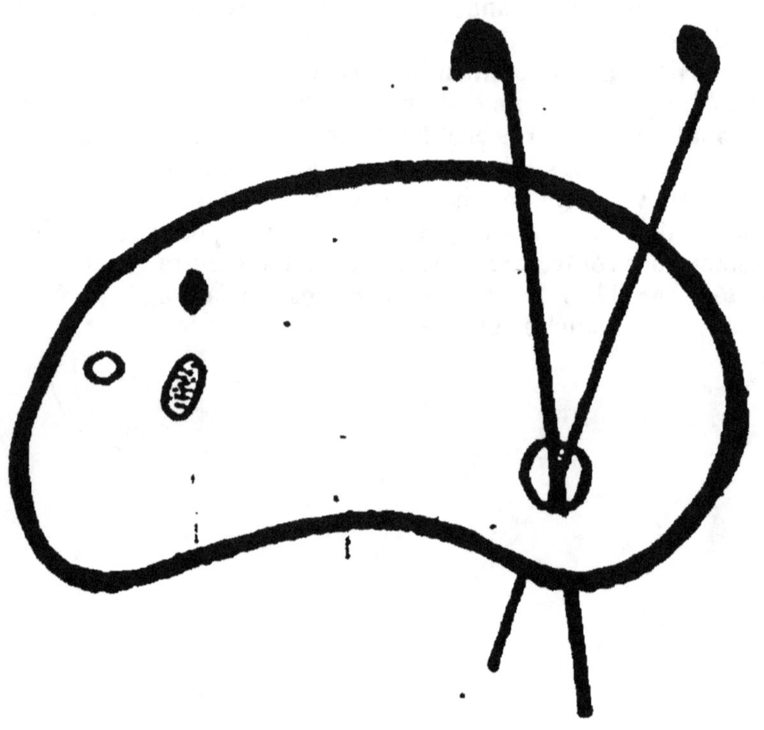

ORIGINAL EN COULEUR
MF Z 43-120-8